10, rue des Arts – BP 38028
31080 Toulouse Cedex 6
ISBN : 978-2-7089-6336-8
Loi n° 49-956 du 16 juillet 1949 sur les publications destinées à la jeunesse, modifiée par la loi n° 2011-525 du 17 mai 2011.
Dépôt légal : juin 2016.
Photogravure : Ombre & Lumière (81).
Cet ouvrage a été achevé d'imprimer en juin 2016 sur les presses de l'imprimerie PrintCorp (75).

Michel PASTOUREAU

Laurence LE CHAU

Pierre n'a plus peur du noir

ÉDITIONS
Privat

Il est tard. Couché dans son lit,
Pierre a peur car il fait tout **noir**.

Avant de partir, Maman a légèrement écarté les rideaux pour laisser passer un peu de lumière. Mais dehors il semble faire encore plus **noir** que dans la chambre.

Pierre est angoissé. Dans ses livres, il a déjà vu des images de la nuit : elle n'est pas noire mais plutôt **bleu foncé**.

Pourquoi dehors, ce soir, est-elle toute **noire** ?

Une nuit **bleue**, même d'un bleu très sombre, lui ferait moins peur.

Pierre s'est endormi.
Il rêve qu'il est poursuivi par
des animaux très méchants.

Au jardin zoologique, Pierre a déjà vu des loups dans une grande cage. Mais on aurait dit de vieux chiens fatigués. Ils n'étaient pas noirs mais gris, bruns et même roux. Ce n'étaient peut-être pas de vrais loups.

Les vrais loups ne sont pas comme cela : ils sont noirs et cruels ; ils bavent, ont des dents énormes et poussent des cris terrifiants.

Pierre voit deux points
jaunes briller
dans l'obscurité.
Ce sont sûrement les
yeux d'un vrai loup,
un loup féroce et tout
noir qui va le dévorer.

Pierre hurle dans son lit.

Maman est venue le consoler :
– Tu as fait un cauchemar, un vilain rêve.
Pense à des choses agréables,
et le vilain rêve ne reviendra plus.

Pierre songe aux jolis dessins qui sont accrochés aux murs de sa classe,
puis à sa boîte de peinture où il y a toutes sortes de couleurs,
et même du blanc et du gris. Mais il ne se souvient pas s'il y a du noir.

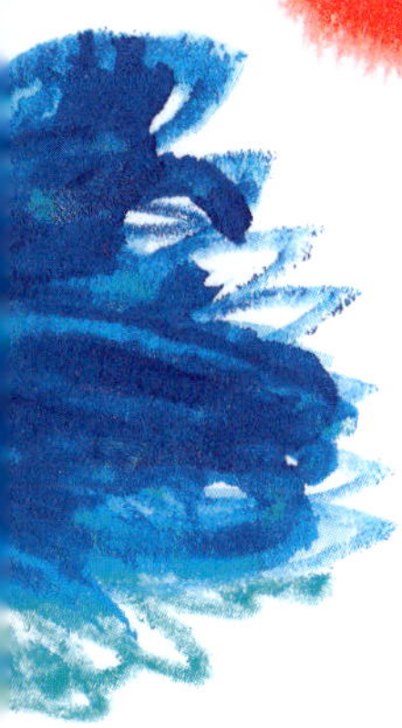

– Maman, je voudrais que,
dans les rêves, il y ait toutes
les couleurs mais surtout
pas de **noir**.
Maman lui répond,
mais Pierre s'est
déjà rendormi.

Le matin, Pierre raconte
à son papa son horrible rêve.
– Papa, pourquoi le **noir** existe-t-il ?
Est-ce une couleur comme les autres ?

– Bien sûr que le **noir** est une couleur, et même une jolie couleur. Certaines personnes pensent que c'est la couleur la plus élégante : elles la portent dans les soirées très chic, quand il faut être sérieux et pas habillé comme tous les jours.

– Non, s'écrie Pierre en colère, les yeux pleins de larmes, le noir ce n'est pas joli, et pour moi ce n'est pas une vraie couleur !

– Tu sais, Pierre, pendant longtemps on a pensé que le noir et le blanc étaient des couleurs à part, différentes des autres.

– Aujourd'hui la plupart des gens pensent autrement, même parmi les grands savants : le noir et le blanc sont des couleurs véritables, comme le rouge, le bleu, le jaune et le vert.

Tous les peintres le savent bien ; ils se servent beaucoup du noir et du blanc pour peindre leurs tableaux.

Pierre n'écoute plus ;
il n'est pas d'accord.

C'est l'histoire d'un très méchant seigneur. Il a une grande barbe noire, tellement **noire** qu'elle semble presque **bleue** à certains endroits.

– C'est pourquoi on l'a surnommé « Barbe Bleue », explique la maîtresse. Mais rassurez-vous, les enfants, à la fin de l'histoire, le cruel Barbe Bleue est puni et on lui coupe sa barbe effrayante.

Pierre s'interroge.
Pourquoi cette barbe noire est-elle
si noire qu'elle a des reflets bleus ?

À la récréation, tous les copains s'amusent et jouent à Barbe Bleue. Pierre reste seul et ne va pas jouer avec eux. Il se pose des questions. Pourquoi ce seigneur cruel à la barbe noire s'appelle-t-il Barbe Bleue ?

Le bleu, c'est pour moi la plus belle des couleurs,
et c'est la couleur préférée de Maman. Le bleu,
ce ne peut pas être comme le noir ; ce n'est pas possible.

Son grand-père vient le chercher
à la sortie de l'école.
– Viens, Pierre,
je t'ai apporté ton goûter ;
nous allons au jardin public.

– Oh Papi, un corbeau !
Il a envie de manger lui aussi, tu crois ?
Pierre a un peu peur, car l'oiseau
s'approche de plus en plus près.
Il a l'air d'avoir faim.

– Regarde bien ses plumes et sa queue,
lui montre son grand-père : elles sont si **noires** et si brillantes
qu'en certains endroits elles paraissent **bleu foncé**.
– Comme la barbe du méchant Barbe Bleue ! s'écrie le petit garçon.

Mais le corbeau semble plus gentil que Barbe Bleue.
Pierre lui lance un morceau de chocolat,
que l'oiseau emporte aussitôt dans son bec.
– C'est drôle ! Dans son bec tout noir, le marron du chocolat
a l'air d'une couleur presque claire.

– Papi, le marron et le noir,
si on regarde bien, c'est très différent !
Finalement, même si j'aime bien
le chocolat, je trouve le noir
plus joli que le marron.

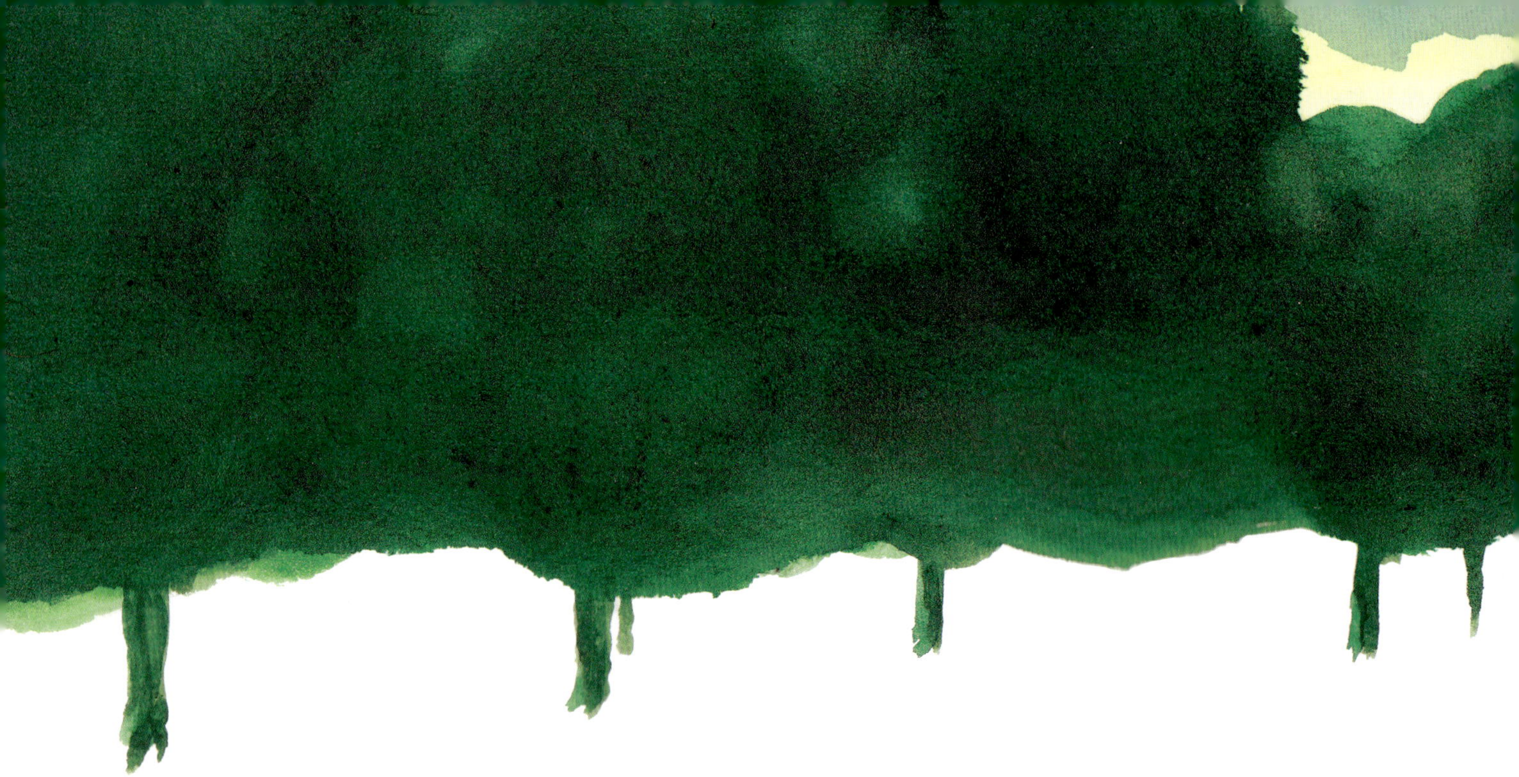

C’est samedi. Papa emmène
Pierre au musée, voir les tableaux
du peintre Pierre Soulages.

De loin ils ont l'air tout **noirs**,
mais, si on s'en approche, de la lumière
semble jaillir de chaque tableau.

– Papa, quand je suis tout près, je vois plein de couleurs dans le noir : du bleu, du blanc, du gris, parfois du doré ou du jaune !

– Tu as raison. Ce sont des reflets produits par les sillons tracés dans la peinture. La lumière vient se poser dessus, puis change de teinte et de direction, et repart avec sa nouvelle couleur.

C'est très beau, comme
si une petite musique
colorée sortait
de chacun des tableaux.

Pierre voudrait passer son doigt sur la surface
d'un des tableaux pour sentir les raies,
les creux et les bosses, mais il ne le fait pas
car il sait bien qu'ici, au musée,
il est interdit de toucher les œuvres.

– À présent Papa, j'aime bien le noir, parce que le noir peut être plein d'autres couleurs. Du bleu, du marron, du jaune, du rouge, et du blanc aussi ! Je n'en ai plus peur du tout ! Il faudra le dire à Maman.

Pierre est heureux et sourit à son papa.
– Plus tard, j'aimerais bien moi aussi être un peintre célèbre et savoir faire chanter toutes les couleurs !